AF338481

LA RÉPUBLIQUE EN 1885

CONFÉRENCE

PAR

J. SERRES

Rédacteur en chef de l'*Indépendant de Lot-et-Garonne*

AVEC

UNE PRÉFACE

DE

M. A. MONDENARD

DÉPUTÉ

Prix : Un Franc

AGEN

MICHEL & MÉDAN, LIBRAIRES-ÉDITEURS

16, RUE PONT-DE-GARONNE, 16

—

1886

LA

RÉPUBLIQUE

EN 1885

LA RÉPUBLIQUE EN 1885

CONFÉRENCE

PAR

J. SERRES

Rédacteur en chef de l'*Indépendant de Lot-et-Garonne*

AVEC

UNE PRÉFACE

DE

M. A. MONDENARD

DÉPUTÉ

AGEN

MICHEL & MÉDAN, LIBRAIRES-ÉDITEURS

16, RUE PONT-DE-GARONNE, 16

1886

A mon excellent maître et ami M. A. MONDENARD,
député de Lot-et-Garonne, ancien rédacteur en chef
du *Réveil,* de la *Constitution* et de l'*Indépendant.*

———

A vous, mon cher ami, qui fûtes mon premier maître en journalisme et en politique, je dédie ma première conférence, — je devrai dire mon premier essai dans l'art difficile de la parole.

Je me suis décidé à cette tentative audacieuse parce que j'ai toujours pensé que le journaliste républicain étant, avant tout, un homme de lutte, avait pour premier devoir de combattre l'ennemi monarchique par la plume, toujours, par la parole quand l'occasion lui en était offerte.

L'occasion s'est offerte à moi, tout naturellement, au lendemain de nos grandes luttes du 4 et du 18 octobre, lorsqu'il s'est agi de jeter, dans notre cher département de Lot-et-Garonne, par la création de la Société départementale du Centenaire de la Révolution française, les bases d'une vaste et solide organisation républicaine.

Pour arriver au but, pour propager l'idée de la nécessité de la Société du Centenaire, le Comité fon-

dateur fit appel au dévouement de tous les républicains du département qu'il croyait capables de porter la bonne parole au milieu de nos populations si vaillantes.

Aussitôt, et sans mesurer ni l'étendue, ni les difficultés de là tâche, j'ai fait à mon parti l'offre de mon dévouement.

Quel plus beau sujet pour l'observateur politique qu'une étude, qu'une conférence sur cette terrible année 1885 que nous venions de vivre !

Aussi, l'ai-je choisi bien vite.

Cette conférence, étant par dessus tout une conférence de propagande républicaine, je l'ai faite dans plusieurs villes, en ayant soin, bien entendu, de la varier selon l'auditoire devant lequel j'avais l'honneur de prendre la parole.

Partout, je suis heureux de pouvoir le dire, le public est venu en grand nombre. C'est ainsi que j'ai eu 300 auditeurs à Caudecoste, le 27 mars ; que j'en ai eu 400, à Villeneuve-sur-Lot, le 18 avril ; 1,100, à Tonneins, le 20 du même mois ; 500, à Castillonnès, le 2 mai ; 300, à Astaffort, le 29 mai ; et, enfin, plus de 600, à Marmande, le 12 juin.

Partout, aussi, cette conférence politique a été accueillie avec une faveur telle, que j'en suis encore tout ému quand j'y pense.

C'est cette faveur, hautement manifestée par mes différents auditoires, qui m'a fait croire à la nécessité de la publication de ce premier essai.

Une autre raison m'a également décidé ; celle-ci : tandis que la parole ne s'adresse et ne peut nécessairement s'adresser qu'à un nombre restreint d'auditeurs, la brochure, comme le journal, va partout et peut parler à tous.

Je publie donc ma conférence telle que j'ai eu l'honneur de la faire la dernière fois, devant la vaillante Démocratie républicaine de Marmande, car, c'est à Marmande, que je crois avoir le mieux présenté mon étude sur l'année 1885.

Ai-je besoin de vous dire, mon cher maître, que dans cette étude j'ai scrupuleusement rassemblé tout ce qui me paraissait de nature à consolider l'union de la Démocratie républicaine de notre département, tandis que j'en ai banni, avec le plus grand soin, tout ce qui aurait pu produire un effet contraire.

Deux hommes de cœur, deux vaillants républicains, les plus dévoués parmi les fondateurs de la Société du Centenaire, mes excellents amis MM. Cazanobes et Darlan, m'ont secondé dans l'accomplissement de ma tâche difficile, en m'accompagnant partout où j'ai fait cette conférence ; — qu'ils reçoivent ici mes remerciements les plus affectueux.

Quant à vous, mon cher maître et ami, si vous croyez que ce premier essai mérite les honneurs d'une préface, soyez donc assez aimable pour me faire la gracieuseté de l'écrire.

Toujours cordialement à vous.

J. SERRES.

Agen, le 18 août 1886.

LETTRE-PRÉFACE

—

Mon cher Ami,

Je joins très volontiers mes applaudissements à tous ceux que vous avez recueillis.

Avec un art, une sûreté de coup d'œil que le maître envie à l'élève, vous avez tiré, des épreuves que la Démocratie républicaine a subies en 1885, tous les enseignements qu'elles comportent.

Avec une rectitude de conscience que je serais fier d'avoir développée en vous, vous flétrissez, devant nos amis qui applaudissent, les crimes de jadis et les basses manœuvres d'aujourd'hui. La politique, pour nous, républicains, n'est que la morale appliquée aux actes de la vie publique ; elle a pour corollaire et pour but la réalisation de l'idée de Justice formulée par la grande Révolution, dont nous célébrerons bientôt le Centenaire.

Nous sommes la Justice ; nos ennemis sont le Privilège ;
Nous sommes la Vérité ; ils sont l'Erreur et le Mensonge ;

Nous sommes le Bien ; ils sont le Mal !

Nous pouvons donc marcher, la tête haute et l'âme sereine, à l'accomplissement de notre œuvre, de l'œuvre nationale, de l'œuvre de 89 ;

Si, par moments, des doutes s'élevaient en nous sur l'œuvre que nos anciens ont entreprise et qu'ils nous ont légué le devoir de continuer, regardons nos adversaires et toute indécision cessera ; ce que nous combattons est mauvais. L'odieux de leur but n'est dépassé que par l'odieux de leurs moyens.

Vous avez parlé du passé ;

Voulez-vous me permettre de dire deux mots sur la politique d'aujourd'hui et de demain ?

Des considérations qui précèdent se dégage cette conséquence que la politique, pour la Démocratie française, est et, longtemps encore, sera une lutte. La France n'est pas une terre vierge sur laquelle la liberté puisse suffire à édifier une société nouvelle. Les Américains n'ont eu qu'à édifier ; ils n'avaient rien à détruire. Nous avons à déblayer le sol des décombres des abus et des privilèges accumulés pendant quatorze siècles. Nous avons à construire d'une main ; il nous reste beaucoup à détruire de l'autre. Vous rappelez-vous — passez-moi ce souvenir biblique — ces ouvriers du Temple armés à la fois de la truelle et de l'épée ? C'est notre cas.

Or, je constate qu'en ces derniers temps, les hommes préposés au Gouvernement de la République ont trop cru, sur la foi de Laboulaye et autres libérâtres, que *Paris* est *en Amérique*. Par un amour exagéré de la Liberté, subissant, les uns, l'ascendant de Tocqueville et des politiciens du *Congrès de Nancy ;* les autres, l'influence de l'idée Proudhonnienne, ils ont, centre-gauchers et radicaux, — l'alliance est encore visible — versé tout doucement dans l'anarchie.

Ce phénomène s'est produit précisément à l'heure où le parti royaliste, débarrassé du comte de Chambord, acquérait l'unité qui lui avait manqué jusques-là, où les millions restitués par la République aux d'Orléans apportaient le nerf de la guerre aux partisans de la Monarchie qui, après s'être organisés pour la défense nationale, avaient conservé soigneusement cette organisation contre la Démocratie.

A ces causes de danger, venaient s'ajouter celles que M. Grévy, avec une intuition si sûre, avait déjà prévues en 1848 : « ...Si le commerce languit, si le peuple souffre, s'il est dans un de ces moments de crise où la misère et la déception le livrent à ceux qui masquent sous des promesses leurs projets contre la liberté, répondrez-vous que *les* ambitieux ne parviendront pas à renverser la République ? »

C'est dans cette situation que nous avons vu, sur cette terre de France en proie aux vieux partis, un Gouvernement affecter de ne point gouverner. Contre le royalisme armé jusqu'aux dents et dont les troupes avaient pour auxiliaires les débris de l'armée bonapartiste vendue par ses chefs, le Gouvernement de la République avait désarmé. Sous prétexte de liberté, on livrait la liberté !

De ces errements, on est un peu revenu. Pas assez.

Il ne faut point revenir aux Jacobins. Ils mirent parfois la force au-dessus du droit.

Mais, par aversion pour le Jacobinisme — qui sauva la France — faut-il en venir à ne point se défendre ? Faut-il, par excès de délicatesse, livrer la Liberté, la Démocratie, la République, la France au royalisme et à la théocratie, aux gentillâtres et aux prêtres ? A la veille de la célébration du Centenaire, le moment est-il venu de trahir, officiellement et par principes, la Révolution ?

C'est le problème de l'heure présente.

Il se pose devant le Peuple qui l'a compris et qui l'a par avance résolu ;

Il se posera, dès la rentrée, devant l'Assemblée ;

Il s'est posé pendant les vacances parlementaires.

Au nom d'un groupe, jadis important, on a affirmé que l'heure était venue où ce groupe devait renoncer à la « politique d'abnégation ».

Parole grave ! La politique d'abnégation, c'est la politique de concessions réciproques, c'est la politique d'union.

Cette politique, mon cher ami, vous l'avez proclamée nécessaire. Vous avez contribué, d'accord avec notre ami M. Lainé [1], à la faire heureusement prévaloir dans le département. Nous en avons pu apprécier les résultats aux élections d'octobre. C'est à cette politique que nous devons d'avoir conservé le département de Lot-et-Garonne à la République.

C'est à faire prévaloir cette politique dans l'Assemblée que, fidèles au mandat qu'ils ont reçu, vos députés doivent consacrer leur principal effort. Pour ma faible part, je n'y faillirai pas.

L'alliance entre les centre-gauchers et les radicaux — alliance qui sert de support au ministère actuel — doit être maintenue. A mon sens, il est indispensable qu'elle soit renforcée par l'adhésion de l'ancien groupe de l'Union républicaine.

L'idée qui doit cimenter cette alliance, qui doit constituer la véritable *Union des gauches*, de toutes les gauches, c'est qu'il faut un Gouvernement qui gouverne.

Le Droit sans la Force n'est qu'une conception impuissante ;

La Force sans le Droit n'est que tyrannie ;

Il faut mettre, enfin, dans ce pays, la Force au service du Droit.

---

[1] Rédacteur en chef de la *Constitution*, à Agen.

Le Peuple lutte depuis quatre-vingts ans contre l'action gouvernementale mise au service de ses ennemis ;

Il faut mettre, enfin, l'action gouvernementale au service du Peuple.

Alors le Peuple n'aura plus rien à craindre des assauts de ses adversaires, la sécurité sera rendue au Pays, et la grande nation de 89, libre et prospère, pourra célébrer, dans une paix joyeuse, le Centenaire de son immortelle Révolution et la proclamation de la Liberté.

Je suis, mon cher ami, tout à vous.

A. MONDENARD,

Député.

LA RÉPUBLIQUE

EN 1885

✦

Messieurs,

On vient de vous exposer, avec une clarté et une précision qui ne laissent rien à reprendre, la nécessité, pour la Démocratie républicaine du département de Lot-et-Garonne, de se grouper, de s'unir toujours davantage, de s'organiser solidement, en un mot, contre la coalition monarchique qui la menace. [1]

Les applaudissements chaleureux que vous venez de prodiguer à mon excellent ami, M. Cazanobes, le vaillant fondateur de la *Société du Centenaire*, le propagateur infatigable de l'idée républicaine dans le Lot-et-Garonne, me prouvent déjà que vous êtes des nôtres, et que, tous, républicains qui m'entendez ici, tous, sans distinction de nuances, vous êtes déjà prêts à assurer votre concours à la *Société du Centenaire* pour arrêter la marche envahissante de l'ennemi monarchique.

S'il est des morts qu'il faut qu'on tue — et, vous le savez, la coalition monarchique est du nombre — il

---

[1] M. Cazanobes venait d'exposer l'objet de la *Société du Centenaire*.

y a aussi des choses qu'on ne saurait jamais trop répéter, jamais assez dire et redire à la Démocratie républicaine pour lui bien faire comprendre le besoin, la nécessité pressante même, de ne plus s'endormir, désormais, dans une torpeur dangereuse, de se tenir toujours debout et comme sous les armes, pour faire face aux attaques incessantes d'un ennemi mortel qui ne désarme pas et qui proclame bien haut ne vouloir désarmer jamais.

C'est pourquoi, aux explications si claires et si concluantes qui viennent de vous être fournies, il me paraît utile d'en ajouter d'autres, et de prendre, pour cela faire, dans l'année 1885 — année toute pleine, vous le savez, d'orages, de troubles et de périls pour la République — les grands enseignements que cette année comporte, enseignements sévères et dont nous serions vraiment bien coupables de ne pas faire notre profit.

Et peut-être, Messieurs, après avoir étudié ensemble les péripéties parfois cruelles de cette année si instructive, peut-être sortirons-nous d'ici meilleurs, — je veux dire : plus prêts, plus forts, plus résolus, plus aguerris pour les batailles de demain après avoir touché du doigt les dangers que nous avons courus dans les batailles d'hier.

*
* *

Le 4 Octobre

Le soir du 4 octobre 1885, la Démocratie républicaine sembla prise de vertige !

Après avoir soutenu une lutte surhumaine contre l'ennemi monarchique toujours abattu, mais sans cesse renaissant ; après avoir bravé mille outrages et affronté mille périls ; après avoir combattu au grand jour cet ennemi, d'autant plus difficile à atteindre et presque insaisissable, qu'il accomplissait dans l'ombre, sans programme et sans drapeau, son œuvre néfaste, la Démocratie républicaine sentait tout à coup le sol trembler et se dérober sous ses pas. Rêves d'avenir, illusions trompeuses ou espérances fondées, tout semblait s'abìmer à jamais dans une sorte de cauchemar horrible. On eût dit qu'un mauvais génie, génie de ruine et de ténèbres, se complaisait à détruire, en un clin d'œil et comme d'un seul coup de quelque baguette merveilleuse, toute l'immense somme de labeur démocratique, péniblement accumulée depuis quinze années d'efforts gigantesques, de travaux persévérants ! On eût dit que la République, qui paraissait pourtant bien établie sur les assises indestructibles du Suffrage universel, était ébranlée par le Suffrage universel lui-même ; — et les démocrates patriotes, le deuil au cœur, commençaient à se demander, avec angoisse, s'ils n'allaient pas assister, une fois encore, à l'effondrement, à l'écroulement irrémédiable et sinistre de la République, de cette République si chère pour laquelle ils avaient tant souffert, pour laquelle ils avaient tant combattu !

C'était la coalition monarchique que le Suffrage universel élevait de sa main puissante au-dessus de la Démocratie républicaine ; c'était l'affreux passé des empereurs et des rois, des princes, des courtisans et des prêtres avec son cortège d'abus, de despotisme, de tyrannie et de superstitions que le Suffrage universel faisait revivre ; — passé qui semblait pourtant à jamais détruit, mais qui se relevait plus audacieux, plus fier, plus insolent, plus menaçant !

C'était — pour tout dire en un mot — la revanche de l'Oppression contre la Liberté, la victoire de la Contre-Révolution sur la Révolution, le triomphe de la Monarchie ruinée, abìmée, anéantie, disparue..... sur la République vivante et prospère !

Quelle nuit, Messieurs, cette nuit du 4 octobre ! que d'émotions ! que de fauss   oies ! que d'angoisses !

Et le lendemain, ...quel lendemain ! quel réveil ! quel recul ! disons mieux .....quelle chute !

Comme un vaisseau battu de la tempête, la République désemparée s'en allait à l'aventure ; et tous les revenants du passé, sortant de l'ombre où ils étaient enfouis, poussaient des cris de joie, des hurlements de haine, déjà prêts à se précipiter sur la République qu'ils croyaient perdue, pour se partager ses riches dépouilles, pour la déchirer, pour la déchiqueter à belles dents.

135 républicains, seulement, étaient élus, tandis que 174 réactionnaires triomphaient !

Ah ! c'est la fin, cette fois ! s'écriaient nos adversaires dans les transports de leur joie délirante, c'est bien la fin, la République est abattue, la République est à terre, la *gueuse* est morte !.....

Non, non ! ce n'était pas la fin, et la République n'était pas morte ! Ce n'était qu'un avertissement, ce n'était qu'une leçon ; mais un avertissement sévère, mais une leçon méritée. *(Applaudissements.)*

C'est qu'alors, Messieurs, c'est qu'avant cette grande lutte du 4 octobre, la Démocratie républicaine n'était pas unie et compacte comme elle l'est aujourd'hui. C'est qu'alors, au lieu de l'union, c'était la discorde, au lieu de la fraternité, c'était la haine ridicule et implacable qui régnaient en souveraines sur notre Démocratie. — La Démocratie, enfin, n'était plus, comme autrefois, un vaste camp toujours armé en guerre contre les ennemis de la République, mais un grand parti national coupé, hélas ! en deux tronçons se haïssant d'une belle haine bien vigoureuse et tirant l'un sur l'autre au lieu de tirer sur l'ennemi.

Opportunistes d'un côté, radicaux de l'autre, mais tous républicains, tous d'accord sur le but à atteindre — l'établissement de la République avec toutes ses conséquences — divisés seulement sur l'heure et sur les moyens d'accomplir les réformes attendues et promises, telle était alors, Messieurs, la situation des républicains, situation qui nous valut, pour une large part, le désastre du 4 octobre que je viens d'esquisser à grands traits devant vous, et dont les péripéties cruelles resteront à jamais gravées dans vos cœurs.

Politique intérieure, politique extérieure, tout était prétexte à divisions entre nous, tout était prétexte à rancunes, comme s'il était possible que tous les républicains ne fussent pas également soucieux de l'affermissement et des progrès de la République à l'intérieur ; comme si tous les républicains ne portaient pas, également enracinés au plus profond de leur cœur de patriotes, l'amour de la Patrie française et le désir de voir partout, au dehors, la France puissante et respectée sous le drapeau de la République ! *(Applaudissements.).*

*
* *

Tableau plus rassurant

Mais, qu'était-ce, après tout, que ce 4 octobre tout rempli de désastres ?

Messieurs, je vous le disais tout à l'heure, c'était, d'abord, un avertissement sévère, c'était une leçon très dure, que par ses fautes — il faut bien le reconnaître — la Démocratie républicaine avait quelque peu méritée.

Mais, c'était autre chose encore, c'était, comme le disait éloquemment un de nos députés, M. Fallières, au banquet de Villeneuve, c'était « un nuage qui passe, et les nuages qui passent n'obscurcissent pas le soleil ! » c'était un mirage trompeur qui illusionnait également et les vainqueurs et les vaincus ; c'était un mauvais rêve pour la Démocratie, un rêve trop beau pour ses adversaires, un succès pour eux, succès qui n'eut d'égal que leur surprise, mais qui ne devait pas avoir de lendemain.

Et qui donc l'aurait pu prévoir ce succès de nos ennemis ? Qui donc aurait été sûr de lui même et de sa connaissance de la situation du pays pour oser dire, sans courir le risque de s'exposer aux quolibets de la Démocratie républicaine, que l'ennemi avait fait des progrès aussi rapides, et que la coalition de tout ce qui restait encore des vieux partis monarchiques allait mettre en péril la République elle-même, la République glorieuse, la République déjà consacrée par quinze années d'existence et toujours invariablement affirmée, invariablement acclamée à chaque consultation du Suffrage universel ou du Suffrage restreint ?

Car, le Suffrage restreint, lui-même, ne venait-il pas, en effet, de lui donner, quelques mois auparavant, une victoire éclatante sur cette même coalition des vieux partis monarchiques ? Le Suffrage restreint ne venait-il pas de renforcer, le 25 janvier, la majorité républicaine du Sénat en portant à 200 le nombre des sénateurs républicains, sur les 300 membres qui composent cette haute Assemblée ?

Vous vous rappelez cette journée mémorable qui inaugura si brillamment, pour la République, l'année 1885 :

Il y avait à élire 87 sénateurs, dont 43 réactionnaires et 44 républicains ;

Résultat :

Soixante-sept républicains élus, tandis que vingt réactionnaires arrivaient à grand peine, tandis que la représentation monarchique était diminuée de 23 sièges dans ce Sénat que l'Assemblée royaliste de Versailles, plus connue sous le nom d'*Assemblée de malheur*, avait placée dans les hautes régions du pouvoir comme une arme meurtrière chargée au cœur de la République.

Vingt-trois sièges perdus, et ses chefs presque tous chassés du Sénat ; tel fut, pour la coalition monarchique, le résultat de la journée du 25 janvier :

Chassé du Sénat, M. de Fourtou ! Chassé, M. de Broglie ! Chassé, M. Brunet ! Chassé, M. Tailhand !

Chassé, M. de Parieu ! Chassés, tous les conspirateurs du 24 Mai, tous les criminels du 16 Mai, tous les organisateurs de coups d'Etat, tous les artisans de guerre civile ! — Un seul, M. Pâris, échappait à grand peine, dans le Pas-de-Calais, à ce désastre général, à ce naufrage universel de la vieille réaction monarchiste et cléricale ! *(Applaudissements.)*

Et, comme si ce succès ne devait pas suffire, peu de temps après, le 26 avril, un autre succès était encore venu compléter celui-là en le confirmant. Trois élections sénatoriales avaient, une fois de plus, donné la victoire à la République : l'orléanisme était battu dans la Gironde, avec le duc Decazes ; le bonapartisme dans les Basses-Pyrénées, avec le général Bourbaki ; le royalisme pur dans les Deux-Sèvres, avec M. Pierre Proust !

Qui donc, je vous le demande encore, après une pareille série de victoires, qui donc aurait pu prévoir que la coalition monarchique, partout effroyablement battue, allait prendre une semblable revanche !

Elle la prit, cependant, cette revanche inespérée, et, comme je vous le disais tout à l'heure, le retour offensif de cette coalition sans nom et sans drapeau fut tel que la Démocratie républicaine en demeura un instant atterrée.

Mais, ce n'était bien, en réalité, qu'un nuage qui passe, — rien de plus ! et ce nuage incommode devait bientôt s'évanouir et disparaître devant les efforts généreux de tous les amis de la Liberté !

*
* *

La Revanche de la Démocratie

Il n'est rien de tel, voyez-vous, que les grandes leçons pour profiter aux grands peuples ; et, comme elle avait compris, après 1870, que la haine du Prussien devait être pour le Français le commencement de la sagesse patriotique, la France comprit, au lendemain du 4 octobre, que la haine du réactionnaire monarchique et clérical devait être, pour le démocrate, le commencement de la sagesse républicaine.

Mesurant d'un regard toute l'étendue du danger qu'elle venait de courir ; voyant une fois encore se ruer sur elle, l'outrage et la menace à la bouche, tous les aristocrates du drapeau blanc, tous les escamoteurs du second empire, tous les grippe-sous de l'orléanisme unis comme larrons en foire sous l'égide tutélaire du cléricalisme, la Démocratie, cette vaillante Démocratie française toute pénétrée des grandes leçons de 1792, de 1830, de 1848, de 1851, du 24 Mai et du 16 Mai, frissonna sous le coup de fouet, sous l'outrage sanglant du 4 octobre, bondit sur l'ennemi séculaire, et, le saisissant à la gorge, le terrassa du coup ! *(Applaudissements.)*

La victoire fut éclatante, décisive, complète ; — 252 républicains étaient élus, tandis que 26 réactionnaires seulement réussissaient, non sans peine, à forcer les portes du Palais-Bourbon.

Et cette victoire, c'était au parti républicain — non pas à telle ou telle nuance, à telle ou telle fraction du parti — mais à la Démocratie républicaine, tout entière, qu'en revenait le grand honneur.

C'était à sa sagesse, à sa prudence, à son union, à son respect admirable de la discipline démocratique qu'était due cette brillante revanche de la surprise du 4.

Et, cependant, que de difficultés il avait fallu vaincre ;

Que de mensonges il avait fallu réfuter ;

Que de calomnies il avait fallu démentir ;

Que d'outrages il nous avait fallu braver !

Nos adversaires royalistes et autres étaient partis en guerre contre la République, armés de pied en cap de la plus effroyable impudence.

Ils avaient joué du drapeau rouge et de la Commune, de la crise agricole et du Tonkin, du déficit et du phylloxéra, comme — pardonnez-moi cette comparaison burlesque — comme des saltimbanques forains jouent de la grosse caisse ou de la contre-basse, du fifre ou du mirliton sur les tréteaux de quelque immonde baraque ; (*Rires et applaudissements.*)

Ils avaient menti, vous vous le rappelez encore, — ils avaient menti en prose et en vers, en images et en cartes de géographie[1], partout et autant qu'ils avaient pu dans leurs journaux, dans leurs almanachs, dans leurs prospectus, dans leurs circulaires, et dans leurs affiches sur toutes les murailles ;

Ils avaient crié à la ruine et à la misère, au martyre et à la persécution ;

Ils avaient épuisé tout ce qu'il est humainement possible de déverser d'outrages et d'ordures sur un régime politique et sur les hommes qui s'honorent de le servir ;

Ils avaient — les misérables ! — ils avaient proféré partout, dans les campagnes, des paroles de haine, des menaces de vengeances et de proscriptions ;

Non contents, en un mot, de tromper indignement le pays, ils l'avaient..... terrorisé !

Et, maintenant, battus, flagellés, conspués, sifflés par cette grande France où Monsieur Tout le Monde a plus de cœur que Bayard et plus d'esprit que Voltaire, ils se sont effondrés dans une immense déroute lamentable sous les huées vengeresses de la nation géante, rouge de honte et de colère à l'idée seule qu'une fois encore de pareils nains avaient failli la ressaisir ! (*Applaudissements prolongés.*)

Vous tous, républicains qui m'écoutez ici, vous avez pris une large part à ces luttes, vous avez eu à subir les outrages et les menaces de cette réaction inso-

---

[1] Dans le Lot-et-Garonne, les réactionnaires, afin d'indiquer leurs prétendus progrès, avaient affiché partout des cartes du département, cartes menteuses sur lesquelles ils comptaient, comme déjà gagnés par eux, des cantons qui ne leur appartenaient pas.

lente ; — vous avez tout bravé, vous avez fait votre devoir, vous avez aidé à la victoire ;

Honneur à vous ! — Le jour du 4 octobre et le jour du 18 octobre, vous avez bien mérité de la République !

Oh ! je n'ignore pas que malgré leur défaite écrasante, les hommes de la coalition monarchique n'ont rien perdu de leur morgue ni de leur insolence ; je sais bien qu'ils sont aussi arrogants, aussi menaçants que par le passé ;

Mais cette jactance de parade ne saurait plus abuser personne, et, aujourd'hui mieux qu'hier, nous pouvons dire bien haut, nous avons même le devoir de répéter partout, plus haut encore : que les hommes de la coalition monarchique ne sont rien, qu'ils ne peuvent rien, que leur impuissance est manifeste, malgré les trahisons des fonctionnaires indignes, et que jamais, non jamais ! ils ne pourront plus rien contre la République qui est assez forte, qui est assez puissante pour braver leurs vaines menaces et leurs ridicules fureurs ! *(Applaudissements.)*

* * *

Manifestation de l'Union après la lutte sur le nom de M. Grévy

Mais, cette union qui nous avait valu la victoire du 18 octobre, devait-elle être passagère ; devait-elle s'évanouir comme un beau rêve ; était-elle condamnée à vivre, comme dit le poète : « ce que vivent les roses, l'espace d'un matin » ; juste le temps nécessaire pour terrasser l'ennemi ? Fallait-il perdre le fruit d'une année de laborieux efforts heureusement tentés pour arriver à la concentration des forces républicaines, pour réaliser la réconciliation de la Démocratie, et faire, ensuite, dès le lendemain de la bataille, table rase de tous les sentiments de fraternité républicaine

loyalement manifestés de part et d'autre dans l'intérêt
exclusif et suprême de la République?

Non, Messieurs, instruite par la terrible leçon
qu'elle venait de subir, la Démocratie, elle-même,
signifia nettement à ceux qui avaient, avec sa confiance,
soit l'honneur de la représenter, soit l'honneur d'écrire
ou de parler en son nom, sa volonté bien précise de
voir nos luttes et nos querelles prendre fin, de voir
tous les amis de la République s'unir et travailler
fraternellement sur un terrain qui leur est commun à
tous : l'écrasement impitoyable de la réaction monarchique et l'accomplissement prompt et ferme des
réformes attendues.

Il serait téméraire, à mon avis, de jeter la pierre,
d'ores et déjà, à la Chambre issue des dernières élections législatives. Elle donne tous les jours des preuves
non équivoques de son vif désir d'assurer le maintien
de l'union. Le Sénat ne demeure pas non plus en
arrière de ce grand mouvement de concentration
républicaine ; et la Chambre et le Sénat, réunis en
Congrès, ont manifesté, récemment, avec éclat, vous
le savez, l'union de la Démocratie française tout
entière en portant — à la presque unanimité des voies
républicaines — l'honorable M. Jules Grévy à la
Présidence de la République, en lui renouvelant une
seconde fois, pour sept ans, les pouvoirs dont il était
déjà investi.

Bien curieuse, mais bien noble figure, et devant
laquelle, Messieurs, je vous demande la permission
de m'arrêter un instant, celle de l'honnête homme,
du citoyen intègre, du républicain sans tache et sans
reproches qui préside actuellement aux destinées de
la République.

Sa valeur politique considérable fut remarquée dès
1848, lorsqu'il avait l'honneur de représenter à l'Assemblée nationale de cette époque le département du
Jura.

Quand cette Assemblée, discutant la Constitution

destinée à organiser la République issue de la Révolution de Février, s'occupa de savoir s'il fallait donner un Président à la République nouvelle et de quelle façon devait être élu ce Président, M. Jules Grévy se prononça nettement contre l'institution de la Présidence en proposant un amendement demeuré célèbre et qui, s'il eût été voté, nous aurait épargné bien des malheurs.

Cet amendement était ainsi conçu :

« L'Assemblée nationale délègue le pouvoir exécutif « à un citoyen qui prend le titre de Président du « Conseil des ministres, élu pour un temps limité et « qui est toujours révocable. »

Et, comme cette Assemblée aveugle, non contente de voter l'institution de la Présidence, manifestait le désir, qu'elle réalisa, d'ailleurs, plus tard, de faire élire le Président, non par les représentants du Peuple, mais directement par le Peuple lui-même, M. Jules Grévy fit entendre, dans un éloquent discours ces paroles mémorables et véritablement prophétiques qui bientôt, hélas ! devaient devenir une triste réalité :

« Etes-vous bien sûrs que dans cette série de person- « nages, qui se succèderont tous les quatre ans au trône « de la Présidence, il n'y aura que de purs républicains « prêts à en descendre ? Etes-vous sûrs qu'il ne se « trouvera jamais un ambitieux tenté de s'y perpétuer ? « Et si cet ambitieux est le rejeton d'une de ces familles « qui ont régné sur la France ; s'il n'a jamais renoncé « expressément à ce qu'il appelle ses droits ; si le « commerce languit, si le Peuple souffre, s'il est dans « un des moments de crise où la misère et la déception « le livrent à ceux qui masquent sous des promesses « leurs projets contre la liberté, répondrez-vous que « cet ambitieux ne parviendra pas à renverser la « République ? »

Hélas ! Messieurs, pourquoi n'a-t-on pas écouté alors les paroles de ce sage !

L'amendement Grévy voté, c'était, pour nous, l'Empire en moins, avec ses crimes sans nombre, avec la série d'humiliations qu'il nous a fait subir, avec les deux provinces qu'il nous a fait perdre. *(Applaudissements.)*

Voyons, un peu, au profit de quel homme fut rejeté l'amendement Grévy.

Le 22 mai 1876, en demandant au Sénat de voter l'amnistie pleine et entière pour les vaincus du 18 Mars, Victor Hugo, dont le grand cœur était toujours au service de toutes les grandes causes, fit, dans son discours, un admirable portrait, très ressemblant d'ailleurs, de l'homme qui avait bénéficié, en 1848, du rejet de l'amendement Grévy.

Voici le portrait que Victor Hugo fit, au Sénat, de cet homme :

« Il y a vingt-cinq ans, dit Victor Hugo, un homme
« s'insurgeait contre une nation. Un jour de décembre,
« ou, pour mieux dire, une nuit, cet homme, chargé
« de défendre et de garder la République, la terrassait
« et la tuait, attentat qui est le plus grand forfait de
« l'histoire. Autour de cet attentat, car tout crime a
« pour point d'appui d'autres crimes, cet homme et
« ses complices commettaient d'innombrables délits
« de droit commun. Laissez parler l'histoire ! Vol :
« vingt-cinq millions étaient empruntés de force à la
« Banque; subornation de fonctionnaires : les commis-
« saires de police, devenus des malfaiteurs, arrêtaient
« des représentants inviolables; embauchage militaire,
« corruption de l'armée : les soldats, gorgés d'or,
« étaient poussés à la révolte contre le gouvernement
« régulier; offense à la magistrature : les juges étaient
« chassés de leurs sièges par des caporaux; destruction
« d'édifices : le palais de l'Assemblée était démoli,
« l'hôtel Sallandrouze était canonné et mitraillé;
« assassinat : Baudin était tué, Dussoubs était tué,
« un enfant de sept ans était tué rue Tiquetonne, le
« boulevard Montmartre était jonché de cadavres;

« plus tard, car cet immense crime couvrit la France,
« Martin Bidauré était fusillé, fusillé deux fois ; Charlet,
« Cirasse et Cuisinier étaient assassinés par la guillotine
« en place publique. Du reste, l'auteur de ces attentats
« était un récidiviste ; et, pour me borner aux délits
« de droit commun, il avait déjà tenté de commettre
« un meutre, il avait, à Boulogne, tiré un coup de
« pistolet à un officier de l'armée, le capitaine Col-
« Puygellier. Messieurs, le fait que je rappelle, le
« monstrueux fait de Décembre, ne fut pas seulement
« un forfait politique, il fut un crime de droit commun ;
« sous le regard de l'histoire, il se décompose ainsi :
« vol à main armée, subornation de fonctionnaires,
« voies de fait aux magistrats, embauchages militaires,
« démolition d'édifices, assassinat. Eh bien, dire que
« le Deux-Décembre a été impuni serait dérisoire, il
« a été glorifié et il a été adoré ; les prêtres ont prié
« pour lui, les juges ont jugé sous lui ; l'auteur du
« crime est mort dans son lit après avoir complété le
« Deux-Décembre par Sedan, la trahison par l'ineptie
« et le renversement de la République par la chute
« de la France ! » *(Applaudissements prolongés.)*
Voilà, Messieurs, le magistral portrait que Victor
Hugo fit, au Sénat, de l'homme qui bénéficia du rejet
de l'amendement Grévy, et ce bénéficiaire n'était autre
— vous l'avez déjà deviné — que le grand criminel,
qui fut Napoléon III. *(Applaudissements.)*
Voilà l'homme et les malheurs qui eussent été
évités si, au lieu de rejeter l'amendement présenté par
M. Jules Grévy, l'Assemblée nationale l'avait inscrit,
au contraire, dans la Constitution républicaine.
Oui, Messieurs, singulière destinée que celle de
M. Grévy, de cet homme qui, après avoir demandé la
suppression de la Présidence, a été porté, lui-même,
par les évènements, à la Présidence, mais qui, dans
l'accomplissement des devoirs que ses hautes fonctions
lui imposent, nous prouve, chaque jour, par sa sagesse
et par sa droiture que, moins le Président de la

République gouverne, mieux la République est gouvernée. *(Très bien!)*

* * *

Imposante manifestation de l'Union avant la lutte sur le nom de Victor Hugo

Messieurs, j'ai prononcé, tout à l'heure, le nom de Victor Hugo, ce puissant génie qui, non seulement à la tribune du Sénat, mais encore dans tant d'œuvres immortelles que vous connaissez bien, a cloué pour jamais au pilori de l'histoire, et le Second Empire et le dernier empereur.

Hélas! c'est en 1885 que la France et la République ont eu la douleur de voir mourir ce grand citoyen qui les a tant aimées, qui les a tant honorées, qui les a tant glorifiées!

Vous ne me pardonneriez pas, j'en suis sûr, d'évoquer ce cruel souvenir sans rappeler, en même temps, que la Démocratie républicaine resserra davantage encore, quelques jours avant la lutte, sur le nom universellement aimé et respecté de Victor Hugo, les liens étroits de l'union fraternelle qu'elle travaillait déjà à réaliser et qui devait, après la défaite, la conduire à la victoire!

Oui, Messieurs, derrière ce misérable petit corbillard des pauvres, qui portait au Panthéon les restes du plus grand homme de ce siècle — et peut-être de tous les siècles — la Démocratie française s'unit tout entière pour un suprême hommage dans l'apothéose gigantesque de l'écrivain prodigieux, du français, du patriote, du républicain indomptable qui aima la France avec passion, la République avec enthousiasme et qui préféra vingt ans d'exil à l'humiliation de s'incliner devant le crime triomphant! *(Applaudissements prolongés.)*

*
* *

L'Union est encore nécessaire

Vous le voyez, Messieurs, l'année 1885 a été pleine
d'orages pour la République ;

Tous les grands pouvoirs publics, Sénat, Chambre,
Présidence de la République, ont eu à subir l'épreuve
du Suffrage universel ou l'épreuve du Suffrage restreint ;

Et de ces épreuves, toujours redoutables, la République est sortie victorieuse, plus forte, plus puissante,
plus stable, plus maîtresse d'elle-même et de son
glorieux avenir.

Le caractère dominant de l'esprit politique, qui a
animé la Démocratie républicaine pendant la traversée
de ces périodes difficiles, peut se résumer en deux
mots : apaisement des esprits, oubli du passé, réconciliation de la grande famille républicaine et concentration de toutes ses forces dans l'intérêt suprême de la
République menacée par une réaction insolente.

Ce mouvement d'opinion de la Démocratie, en faveur
de l'oubli du passé et de la réconciliation de ses
membres, commença à se dessiner avec une netteté
parfaite, notamment dans notre département de Lot-et-
Garonne, au moment des élections sénatoriales de
janvier. — Il y produisit les plus heureux effets, et
amena, finalement, le succès du candidat républicain
contre les forces monarchiques coalisées. Partout, en
France, le résultat fut à peu près identique, et la
majorité républicaine du Sénat considérablement aug-
mentée.

Depuis l'élection sénatoriale, jusqu'à la période des
élections législatives, cet esprit d'apaisement, d'oubli
du passé, de réconciliation et de concentration grandit
davantage encore, et prit des proportions telles, que,
pendant cinq longs mois de campagne électorale, il
ne fut pas troublé un seul instant et nous valut une

nouvelle, une éclatante victoire sur tous les ennemis de la République.

Dans ces deux circonstances, graves et solennelles s'il en fut jamais, et où l'avenir de la République était en réalité l'enjeu de la partie engagée contre la réaction, le Suffrage universel indiqua très clairement, à maintes reprises, sa volonté formelle de voir nos querelles prendre fin et des réformes s'accomplir.

A mon avis, la non observation de la première de ces indications précises serait une insurrection flagrante contre la souveraineté du Suffrage universel; et je n'hésite pas à déclarer, en outre, que la reprise de nos querelles amènerait l'avortement de toutes les réformes qui s'imposent pour mieux préparer l'anéantissement de la réaction monarchique et les progrès républicains.

A ceux qui douteraient encore de la nécessité de préparer par tous les moyens en notre pouvoir, par tous les sacrifices possibles, même les plus durs à consentir, l'écrasement de cette réaction toujours d'autant plus vivace et féroce qu'elle est plus souvent abattue, il me suffira de montrer les rangs serrés de la droite débordant à la Chambre sur les rangs de la gauche moins nombreux qu'autrefois.

Si ce spectacle qui me serre le cœur n'est pas fait pour les convaincre, il n'y a plus qu'à désespérer.

En résumé, je le répète :

D'une part, réconciliation de la Démocratie républicaine et concentration de toutes ses forces contre l'ennemi commun, l'ennemi monarchique ;

D'autre part, progrès de la réaction — plus apparents que réels, il est vrai, et dus autant à une équivoque qu'à la dissimulation du drapeau ; — mais, enfin, progrès de la réaction ;

Voilà les deux grands faits considérables qui résultent de l'année 1885, et la dominent tout entière.

Ils sont pleins d'enseignements précieux pour la Démocratie, qui a le devoir d'en savoir profiter, sous peine de compromettre l'avenir de la République elle-même.

Car, il ne faut pas nous dissimuler, Messieurs, que pendant les années qui vont suivre, et jusqu'en 1889, nous allons avoir à soutenir des luttes âpres et nombreuses contre l'ennemi monarchique qu'il faut, à tout prix, chasser de partout.

Ainsi, nous allons avoir à lutter pour le renouvellement triennal du Sénat, en janvier 1888;

Pour le renouvellement intégral des Conseils municipaux, en mai 1888;

Pour le renouvellement par moitié des Conseils généraux et d'arrondissement, en août 1889;

Pour le renouvellement intégral de la Chambre des députés, en octobre 1889.

Voilà, Messieurs, le vaste champ de batailles électorales qui, pendant les trois années prochaines, va s'offrir à notre dévouement et à notre activité. Vous voyez que nous n'avons rien à perdre, ni à ménager, pas plus notre temps que notre peine, pour avoir raison de la coalition monarchique, c'est-à-dire de nos plus mortels ennemis.

Et, maintenant, une question :

Serions-nous sortis victorieux de nos luttes d'hier, si, au lieu de nous unir, nous eussions persisté dans nos discordes?

Aurions-nous vaincu, si, au lieu de concentrer nos forces, nous les eussions gaspillées au hasard de nos caprices ou de nos fantaisies?

Non, Messieurs, je le dis aujourd'hui comme je le disais avant la lutte : nous aurions été battus. Et si, parmi vous, quelques-uns en doutent encore, les tristes réalités du scrutin du 4, et même — dans certains départements, dont le nôtre — du 18 octobre, sont là, maintenant, pour me donner raison.

Donc :

Union, concentration, discipline, ni opportunistes ni radicaux, mais, tous, républicains ! — Que ce cri de ralliement qui nous a conduits, hier, à la victoire soit, désormais, le mot d'ordre de la Démocratie républicaine dans le Lot-et-Garonne ! *(Applaudissements.)*

Hier, au moment du danger et de la bataille, ce mot d'ordre était le nôtre ; — sachons le conserver encore :

Parce qu'il renferme les gages les plus précieux du progrès démocratique ;

Parce qu'il constitue, entre nos mains, une arme terrible contre la réaction monarchique qui nous menace effrontément avec son affreux cortège de princes et de prêtres, d'abus et de vexations, — contre l'esprit du passé qui voudrait encore étouffer nos droits, nos libertés, notre avenir ;

Parce que, enfin, une expérience cruelle vient de nous apprendre que la République n'a pas encore assez pénétré jusqu'au cœur de nos populations des campagnes, et qu'il importe, avant tout, de l'y implanter solidement ! *(Applaudissements prolongés.)*

*
* *

Les deux taches noires

Au milieu des luttes incessantes des partis qui attristent notre pays de France, nous avons — je suis heureux de le reconnaître — une consolation bien grande : celle de pouvoir dire que les hommes de tous les partis sont, aujourd'hui, également patriotes, et que, si l'étranger simulait le moindre outrage au drapeau ou faisait l'ombre d'une démonstration hostile du côté de la frontière, il n'y aurait plus ni monarchistes ni républicains, mais seulement des Français, des patriotes, prêts à voler sur l'heure à la défense de l'honneur du drapeau ou des frontières de la Patrie.

Et, malgré cela, Messieurs, j'ai le devoir de dire encore que le patriotisme, aussi bien que notre souci d'assurer la conservation de nos libertés, nous commande de poursuivre, par tous les moyens en notre pouvoir, l'écrasement de la coalition monarchique ;

Et je le prouve :

L'observateur qui se placerait devant une carte de France, et qui marquerait d'un trait noir toute la portion de territoire qui nous a été enlevée par la Prusse à la suite des désastres de 1870, formerait, ainsi, une large tache noire — trop large, hélas ! — s'étendant depuis Thionville jusqu'à Metz, depuis Metz jusqu'à Strasbourg et depuis Strasbourg jusqu'au territoire de Belfort, en passant par Colmar et Mulhouse.

Si, regardant ensuite du côté de l'ouest, le même observateur marquait d'un trait noir les départements conservés par la réaction monarchique ou conquis par elle à la suite des élections du 4 et du 18 octobre, il formerait encore une large tache noire s'étendant le long du littoral de la Manche et de l'Océan, depuis le département du Nord jusqu'au département du Finistère et descendant jusqu'aux Charentes. L'observateur verrait, en outre, cette même tache noire, un instant interrompue par les départements de la Gironde et de Lot-et-Garonne, renaître sur le département du Gers et se prolonger à travers le Tarn-et-Garonne pour couvrir encore le Lot, l'Aveyron et la Lozère où elle prendrait fin.

Çà et là, la Seine-Inférieure, l'Ille-et-Vilaine et les Deux-Sèvres, départements auxquels il convient d'ajouter, aujourd'hui, les Landes, l'Ardèche et la Corse, vaillamment enlevés à l'ennemi monarchique par le brillant scrutin du 14 février dernier, apparaîtraient comme de frais oasis sur lesquels se reposerait agréablement l'œil de l'observateur républicain, pensif devant cette tache lugubre.

Eh ! bien, Messieurs, c'est la tache noire de l'Ouest qui a amené la tache noire de l'Est, c'est la tache monarchique qui a amené la tache de l'invasion allemande ; c'est la Royauté et ce sont les deux Empires qui ont diminué le territoire de la France dont la République, en 1794, avait reculé les frontières jusqu'aux rives du Rhin ! *(Applaudissements.)*

Cela veut dire que la Démocratie française a deux revanches à prendre : une revanche sur les ennemis de la Patrie, une revanche sur les ennemis de la République, — et quand nous aurons pris cette dernière..... l'autre..... sera plus aisée.

Vous le voyez ! tout nous commande de chasser de partout la réaction monarchique, — et le bon sens, et le patriotisme, et cet invincible amour de la Liberté que nous portons tous au fond du cœur nous en imposent le devoir impérieux ; car, ne l'oubliez jamais, citoyens, comme le cléricalisme, le réactionnaire c'est l'ennemi ! *(Applaudissements prolongés.)*

***

Immortalité de la République

Mais, pour *aboutir*, comme disait Gambetta, il nous faut, avant tout, sauvegarder et conserver la République.

Non pas que la République puisse jamais périr, — elle est immortelle ! mais pour lui éviter encore des éclipses, vraiment trop longues et trop fatales, comme celles que lui ont imposées les factions monarchiques depuis le jour où elle se dressa soudain pour la première fois en face de la vieille Europe féodale stupéfaite, et au bruit du canon libérateur qui tonnait victorieusement sur les collines de Valmy. [1]

---

[1] C'est le lendemain de la victoire de Valmy, le 21 septembre 1792, que la Convention nationale, réunie pour la première fois, proclama, pour la première fois en France, la République. La proclamation solennelle en fut faite après le vote de la proposition du conventionnel Grégoire, qui était ainsi conçue : « *La Convention nationale décrète que la royauté est abolie en France.* »

Non, la République ne peut pas périr, la République
est immortelle ! Elle ne peut pas périr, non seulement
parce qu'elle est de fait, parce qu'elle existe, mais,
parce qu'elle est de droit ; parce qu' « il n'y a pas de
droit contre le droit » ; [1] parce que le droit de tous est
supérieur au droit d'un seul ; parce que le droit d'un
peuple est supérieur au droit d'un monarque quel-
conque ; parce que la République c'est le gouvernement
du peuple par le peuple et pour le peuple, et qu'au-
dessus des droits du peuple, les droits de personne ne
sauraient prévaloir ! *(Applaudissements.)*

Et ce que je dis là est si vrai, qu'il suffit de consulter
l'histoire pour voir combien le régime républicain est
infiniment mieux approprié aux besoins de notre pays
et au génie de notre nation qu'un régime monarchique
quel qu'il soit :

Toutes les fois que la Monarchie s'écroule dans une
de ces catastrophes épouvantables qui semblent faites
pour conduire un pays à sa ruine, qu'arrive-t-il ? .....On
dirait qu'un soleil se lève ; et c'est la République qui,
soudain, éclate debout !

Voyez ! — En 1792, la vieille Monarchie de droit
divin s'écroule vermoulue après avoir ameuté l'Europe
monarchique contre la France républicaine, — que
dis-je ! avec la honte de marcher contre la mère-patrie
derrière les fourgons de l'étranger ;

Et, soudain, la République se lève, repoussant l'invasion, reculant nos frontières, semant partout, au
chant de la *Marseillaise*, sur le vieux monde des
empereurs et des rois, cette poignée de rayons : les
Droits de l'Homme ; et ces trois choses admirables
et sublimes : la Liberté, l'Egalité et la Fraternité !
(Applaudissements.)

Voyez encore ! — En 1848, la Monarchie constitu-
tionnelle, ce régime bâtard que nous avaient fabriqué

---

1 **Parole de Bossuet, rappelée par Gambetta pendant son admirable
campagne contre le Seize-Mai.**

les audacieux voleurs de la Révolution de 1830, s'écroule, à son tour, dans une Révolution que Lamartine appela si justement la *Révolution du mépris ;*

Et c'est encore la République qui se lève pour arracher la France aux abîmes et pour lui donner le Suffrage universel !

Voyez, enfin ! — En 1870, l'Empire, — non pas le premier, le grand, le glorieux Empire, celui qui traversa l'Europe au pas de charge et dont l'immense gloire a pu faire oublier les immenses crimes ; non, pas celui-là....., l'autre *(rires)* — le second, le dernier, le petit, le tout petit *(rires prolongés)* ; celui qui ne fut jamais glorieux, mais toujours vil et criminel ; celui qui naquit tout sanglant, par une affreuse nuit de Décembre, sur les pavés du boulevard Montmartre ; celui qui était orné de monsieur Napoléon III ; — eh ! bien, cet Empire-là s'écroule, lui aussi, dans une Révolution, la Révolution du 4 Septembre que j'appelle, moi, la *Révolution de l'indignation et du dégoût ;* il s'abîme dans la ruine, dans la honte et dans la fange après vingt années de la plus effroyable bamboche ! La France semblait à jamais perdue par ce régime infâme qui l'avait émasculée, qui l'avait atrophiée, qui l'avait souillée et qui, non content de la trahir avec une lâcheté sans exemple dans l'histoire, s'écroulait en lui laissant sur la gorge la botte du Prussien ;.....

Et c'est la République qui se lève encore ; c'est la République qui vole au secours de la grande vaincue, de la grande blessée, de la grande mutilée ; qui lui prodigue ses soins et ses caresses, qui lave ses plaies, qui panse ses blessures, qui la réconforte, qui la relève et qui lui rend avec la puissance perdue la grande place qu'elle occupait autrefois dans le monde !

Oui, citoyens, la République est immortelle ; elle ne peut pas périr, elle ne périra pas, elle s'impose ; — et, pour me servir d'une parole célèbre : La République est comme le soleil : aveugle qui ne la voit pas ! *(Bravos et applaudissements prolongés.)*

Aux Paysans !

Voilà, Messieurs, les vérités que nous allons répandre et propager — autant, du moins, que nos forces nous le permettent — jusqu'au fond des campagnes.

Certes, ce n'est pas devant un auditoire aussi profondément républicain et aussi distingué que celui qui me fait l'honneur de me prêter, ici, son attention bienveillante, ce n'est pas, dis-je, devant un auditoire comme celui-ci que ces vérités ont besoin d'être formulées comme je viens de le faire.

Mais, dénaturées, travesties, falsifiées par les mensonges des hommes de la coalition monarchique, ces vérités sont ignorées ou mal comprises sur certains points du département, dans quelques-unes de nos communes rurales.

Aussi, toutes les fois que j'ai l'honneur de parler devant un auditoire composé, en grande partie, de ces braves gens de la campagne que nous avons hâte d'éclairer afin de les plus facilement arracher au joug du despotisme monarchique, je leur dis :

O habitants des campagnes, voilà ce qu'est la République, et voilà ce que la République a fait pour vous, ce qu'elle a fait pour la Patrie et pour la Liberté !

Et, cependant, malgré l'immensité des services qu'elle a rendus, nous avons encore besoin de la défendre, la République ; nous avons encore besoin de la préserver des coups de ses adversaires, et c'est pourquoi nous venons vers vous, nous venons vous demander votre aide, à vous, habitants des campagnes, à vous *paysans*, comme vous appellent — avec un dédain que vous savez bien leur rendre — les aristocrates du drapeau blanc et de l'Empire que je dénonce à votre indignation généreuse !

Cet aide, cet appui si précieux, vous ne nous le

refuserez pas ; j'en suis sûr ; car, aujourd'hui, éclairés comme tout le monde par les leçons cruelles de l'expérience, vous n'hésiterez pas à vous joindre à nous contre les ennemis de la Liberté.

Et, avant de m'asseoir, leur demandant la permission d'ouvrir l'histoire pour leur faire connaître un grand évènement qui les concerne, je leur raconte ce qui suit :

Un jour du mois de mai 1358, alors que la grande Nature, cette mère toujours bienfaisante et féconde, semait à pleines mains sur la terre de France et les chauds rayons du soleil, et les fleurs et les parfums, les campagnes, d'ordinaire si paisibles, retentirent tout à coup d'un bruissement sinistre. Le paysan attaché à la glèbe, le paysan bête de somme, le paysan, odieusement pressuré et tyrannisé, venait de jeter un regard chargé de vengeance sur l'insolent château féodal qui le dominait du haut de la colline. Il s'était dit, dans un moment de colère bien légitime, que son oppresseur n'était peut-être pas invincible ; et, la haine au cœur, la fourche homicide d'une main, la torche incendiaire de l'autre, il se ruait comme un fauve sur l'odieux manoir. [1]

Sa vengeance fut terrible, l'oppresseur trembla !

Mais, le généreux révolté succomba bientôt sous le nombre, et Jacques Bonhomme écrasé dut courber une fois de plus sa tête meurtrie sous le joug de fer de l'ancien régime.

Pendant quatre longs siècles, il gémit encore sous ce joug infâme.

Cependant, le jour de la revanche devait venir, l'heure de la Justice devait sonner ! Et, après ces quatre siècles, un jour que le peuple de Paris, la tête toute ensoleillée des chauds rayons de Messidor, faisait « voler au vent les tours de la Bastille », [2] le peuple des campagnes, reprenant sa torche d'incendie et sa

[1] La première *Jacquerie.*
[2] Victor Hugo : *Les Châtiments.* — « AUX FEMMES. »

fourche vengeresse, se jeta, une fois encore, sur le vieux château féodal et le détruisit de fond en comble, — pour ne plus le voir se relever, cette fois !

De cette révolte, qui inaugura la Révolution, l'on vit sortir les Droits de l'Homme, et, avec eux, la Liberté pour tous, l'Egalité pour tous, la Fraternité pour tous !

O habitants des campagnes, ces révoltés c'étaient vos pères !

N'ayant à leur disposition aucune des libertés dont vous jouissez aujourd'hui, ils en étaient réduits à ces explosions farouches et sanglantes pour revendiquer un terme à leurs souffrances, une fin à leurs misères.

Aujourd'hui, point n'est besoin pour vous de revendications semblables ; vous récoltez ce que vos pères ont semé : ils ont semé partout les germes de la liberté ; vous en recueillez, aujourd'hui, les fruits et les avantages.

Mais, voici que tout ce qui reste des vieilles bastilles, des vieilles tyrannies, des vieilles superstitions se dresse encore contre nous dans un effort suprême ; et les prétendants et les prêtres — c'est-à-dire le *gouvernement des curés* qui nous guette — s'efforcent de nous ressaisir.

C'est contre cette affreuse résurrection du passé que nous vous demandons de marcher avec nous, ô paysans ! non point avec le fer et le feu, mais avec une arme plus pacifique et plus sûre que la République vous a donnée : avec le bulletin de vote !

Sachez en faire un bon usage, de cette arme mortelle aux despotes, et vous travaillerez ainsi avec nous à la grandeur de la République, de la République fille de la Révolution, de la République sans laquelle, dans notre belle France, la Liberté ne serait plus qu'un vain mot ! *(Bravos et applaudissements prolongés.)*

FIN

ERRATA

Page 20 , ligne 2.
Au lieu de :
« Qui donc aurait été sûr de lui-même..... »
   Lire :
« Qui donc aurait été *assez* sûr de lui-même..... »